Wilfried Oertel

Weinproben biblisch

Wilfried Oertel

Weinproben biblisch

Eine kleine Erkundung

Fromm Verlag

Impressum / Imprint
Bibliografische Information der Deutschen Nationalbibliothek: Die Deutsche Nationalbibliothek verzeichnet diese Publikation in der Deutschen Nationalbibliografie; detaillierte bibliografische Daten sind im Internet über http://dnb.d-nb.de abrufbar.
Alle in diesem Buch genannten Marken und Produktnamen unterliegen warenzeichen-, marken- oder patentrechtlichem Schutz bzw. sind Warenzeichen oder eingetragene Warenzeichen der jeweiligen Inhaber. Die Wiedergabe von Marken, Produktnamen, Gebrauchsnamen, Handelsnamen, Warenbezeichnungen u.s.w. in diesem Werk berechtigt auch ohne besondere Kennzeichnung nicht zu der Annahme, dass solche Namen im Sinne der Warenzeichen- und Markenschutzgesetzgebung als frei zu betrachten wären und daher von jedermann benutzt werden dürften.

Bibliographic information published by the Deutsche Nationalbibliothek: The Deutsche Nationalbibliothek lists this publication in the Deutsche Nationalbibliografie; detailed bibliographic data are available in the Internet at http://dnb.d-nb.de.
Any brand names and product names mentioned in this book are subject to trademark, brand or patent protection and are trademarks or registered trademarks of their respective holders. The use of brand names, product names, common names, trade names, product descriptions etc. even without a particular marking in this works is in no way to be construed to mean that such names may be regarded as unrestricted in respect of trademark and brand protection legislation and could thus be used by anyone.

Coverbild / Cover image: www.ingimage.com

Verlag / Publisher:
Fromm Verlag
ist ein Imprint der / is a trademark of
AV Akademikerverlag GmbH & Co. KG
Heinrich-Böcking-Str. 6-8, 66121 Saarbrücken, Deutschland / Germany
Email: info@frommverlag.de

Herstellung: siehe letzte Seite /
Printed at: see last page
ISBN: 978-3-8416-0103-2

Inhalt

Vorwort

Liebe Leserin,
lieber Leser,

„Der Wein erfreut des Menschen Herz“ – dieses Psalmwort der Bibel bringt es auf den Punkt: im Wein liegt segensreiche Wirkung für Körper und Seele des Menschen, die das Leben bei verschiedensten Anlässen beflügelt. Die Bibel kennt alle Aspekte rund um den Wein und erzählt davon: vom Anbau bis zur Zubereitung, von der angemessenen Aufbewahrung bis zu den Folgen des Missbrauchs, vom ökonomischen Status des Weinbaus bis zur sinnstiftenden Bedeutung bei Fest und Ritus. Die Bibel nimmt teil an allen Formen der Weinkultur und gibt Einblick in die Kulturgeschichte dieser Pflanze. Von Noah wird im 1. Buch Mose gesagt, dass er der erste Weinbauer gewesen sei. Und im letzten Buch der Bibel, der Offenbarung des Johannes, wird der Wein ausdrücklich unter Schutz gestellt.

In diesem Büchlein wird also auf biblischen Weinpfaden gewandelt. An einer Auswahl von Belegstellen wird Station gemacht, eingekehrt und eine Weinprobe genommen. So wird auf biblischem Streifzug die Frucht des Weinstocks in kleinen Schlucken probiert. Unterwegs werden Sie von Abraham zu einem orientalischen Menü eingeladen. Alle Rezepte sind mitgeliefert.
Die Systematik der einzelnen Weinproben folgt der Anordnung der biblischen Bücher. Im Anhang sind alle Belegstellen noch einmal übersichtlich aufgelistet.

Ich hoffe, diese Lektüre bereitet Ihnen höchsten Genuss. Zum Wohle!

Im Januar 2013

Weinproben - Altes Testament

Noah und der Beginn des Weinbaus

Noah aber, der Ackermann, pflanzte als Erster einen Weinberg.
1. Mose 9, 20

Die Bibel erzählt, wie nach der Sintflut die Arche Noah am Berg Ararat auf Grund fiel. Dies ist geographisch im Osten der heutigen Türkei im Grenzland zum Iran. Nachdem Menschen und Tiere den hölzernen Kasten verlassen und Noah für ihre Bewahrung gedankt hatte, begann das Arbeitsleben neu. Noah war Bauer, und von ihm wird berichtet, dass er als erster einen Weinberg pflanzte. Mit ihm begann die Kultur des Weinanbaus. Dies bestätigt die These vieler Botaniker, dass am Südrand des Kaspischen Meeres die Kultivierung der Weinpflanze entstanden ist.[1]

---

[1] Vgl.: Hepper, F. Nigel: Pflanzenwelt der Bibel, S. 96

Trankopfer

Und dies sollst du auf dem Altar tun: Zwei einjährige Schafe sollst du an jedem Tage darauf opfern, ein Schaf am Morgen, das andere gegen Abend.
Und zu dem einen Schaf einen Krug feinsten Mehls, vermengt mit einer viertel Kanne zerstoßener Oliven, und eine viertel Kanne Wein zum Trankopfer.
Mit dem andern Schaf sollst du tun gegen Abend wie mit dem Speisopfer und Trankopfer vom Morgen, zum lieblichen Geruch, ein Feueropfer für den HERRN.
Das soll das tägliche Brandopfer sein bei euren Nachkommen am Eingang der Stiftshütte vor dem HERRN, wo ich euch begegnen und mit dir reden will.
2. Mose 29,38 - 42

Unter den vielen Möglichkeiten kultischer Opfer spielte der Wein auch eine Rolle. In dieser Bibelstelle aus dem 2. Buch Mose geht es u.a. um Wein als ein Trankopfer. Die Priester hatten einen bestimmten Ablauf beim täglichen Dienst, einschließlich Opferungen zu beachten. Die Handhabung derartiger Opfer, die ja auch bei bestimmten Lebenssituationen von den Gläubigen erbracht werden mussten, war im Lauf der Geschichte Israels immer wieder umstritten. Es gab die völlig veräußerlichte Opferleistung wie auch die radikale Kritik daran. Richtig verstanden ging es um das Ausbalancieren der Beziehung zu Gott bezogen auf die Gemeinschaft oder den Einzelnen. Irgendetwas war vorgefallen und stand zwischen Gott und den Menschen. Ein Opfer sollte einen Ausgleich darstellen, war aber eigentlich eine Übung für das religiöse Gewissen. Maria und Josef gingen z.B. nach der Geburt Jesu zum Tempel, um dem jüdischen Gesetz gemäß zu opfern. Jesus erzürnte sich beim Anblick der Händler und Wechsler im Tempelbezirk. Er war aufgebracht wegen der Kommerzialisierung des Opfers, lehnte es aber nicht generell ab.

Zwei müssen die Weintraube tragen

Und sie kamen bis an den Bach Eschkol und schnitten dort eine Rebe ab mit einer Weintraube und trugen sie zu zweien auf einer Stange, dazu auch Granatäpfel und Feigen.
Der Ort heißt Bach Eschkol nach der Traube, die die Israeliten dort abgeschnitten hatten.
4. Mose 13, 23

Sie kamen von Süden durch die Wüste Paran und näherten sich dem Gelobten Land. Mose erhielt von Gott den Auftrag, eine Gruppe von Kundschaftern zusammen zu stellen, die sich das unbekannte Land anschauen und anschließend berichten sollten. Zwölf Männer wurden ausgewählt, einer aus jedem Stamm.
Sie durchstreiften die südlichen Regionen des heutigen Palästina/ Israel, kamen an Hebron vorbei und erkundeten Berge und Täler südlich von Jerusalem zwischen dem Toten Meer und dem Mittelmeer. Sie sahen die Früchte auf Feld, Baum und Strauch, sie sahen die Wohnorte der dort lebenden Menschen. Am Bach Eschkol schnitten sie eine gewaltige Weintraube von der Pflanze, die sie zu zweit an einer Stange transportieren mussten. Nach vierzig Tagen Erkundung kehrten sie um. Sie hatten gesehen, wie gesegnet dieses Land war. Zurück bei ihren Leuten berichteten sie von ihren Eindrücken. Sie prägten das Wort vom Land, in dem Milch und Honig fließt. Aber sie hielten ihre Angst nicht zurück und erzählten auch von dem starken Volk, das dort in befestigten Städten wohnte. Schnell verbreitete sich das Gerücht, dort würden Riesen leben. Ob sie da vielleicht zu viel von den Produkten des erkundeten Landes genossen hatten?
Übrigens: das israelische Ministerium für Tourismus heute hat die Kundschafter samt Weintraube zu seinem Symbol gemacht.

Früchte und Segen des Gelobten Landes

Und wenn ihr diese Rechte hört und sie haltet und danach tut, so wird der HERR, dein Gott, auch halten den Bund und die Barmherzigkeit, wie er deinen Vätern geschworen hat,
und wird dich lieben und segnen und mehren, und er wird segnen die Frucht deines Leibes und den Ertrag deines Ackers, dein Getreide, Wein und Öl, und das Jungvieh deiner Kühe und deiner Schafe in dem Lande, das er dir geben wird, wie er deinen Vätern geschworen hat.
5. Mose 7, 12f.

Vierzig Jahre waren die Stämme Israels durch die Wüste Sinai gezogen. Sie hatten die Sklaverei Ägyptens hinter sich gelassen. Sie hatten die Entbehrungen von Hitze, Hunger und Durst erlebt. Sie hatten die Gefahren von Sandsturm, Platzregen und wilden Tieren erfahren. Hader und Zwietracht waren ihnen nicht fremd. Das alles hatten sie nun hinter sich und blickten auf das Gelobte Land vor sich. Mose wusste, dass seine Mission erfüllt war. Sein Auftrag war erledigt. Sie hatten sich von Osten dem Jordan genähert. Die Stämme waren dabei, ihn zu überqueren und nach Jericho zu ziehen. Und Mose versammelte die zwölf Stämme und sagte seinen Leuten die Vision dieses zukünftigen Lebens zu. Wenn sie der Thora, der Weisung Gottes folgen und seinen Bund halten, wird Segen daraus entstehen – das heißt Glück und Mehrung für die Familien, Gelingen bei Arbeit und Handel und gute Erträge bei Ernte und Vieh.

Rang und Würde

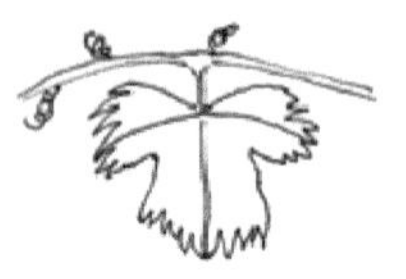

Die Bäume gingen hin, um einen König über sich zu salben, und sprachen zum Ölbaum: Sei unser König!
Aber der Ölbaum antwortete ihnen: Soll ich meine Fettigkeit lassen, die Götter und Menschen an mir preisen, und hingehen, über den Bäumen zu schweben? Da sprachen die Bäume zum Feigenbaum: Komm du und sei unser König! Aber der Feigenbaum sprach zu ihnen: Soll ich meine Süßigkeit und meine gute Frucht lassen und hingehen, über den Bäumen zu schweben?
Da sprachen die Bäume zum Weinstock: Komm du und sei unser König!
Aber der Weinstock sprach zu ihnen: Soll ich meinen Wein lassen, der Götter und Menschen fröhlich macht, und hingehen, über den Bäumen zu schweben? Da sprachen alle Bäume zum Dornbusch: Komm du und sei unser König! Und der Dornbusch sprach zu den Bäumen: Ist's wahr, dass ihr mich zum König über euch salben wollt, so kommt und bergt euch in meinem Schatten; wenn nicht, so gehe Feuer vom Dornbusch aus und verzehre die Zedern Libanons.
Richter 9, 9 – 15

Es war zu der Zeit, als in Israel regionale und lokale Richter die Geschicke führten und Streitfragen entschieden. Historisch bewegen wir uns damit in der Zeit nach der Landnahme und vor dem Königtum, also zwischen 1200 und 1012 v. Chr. Der Wunsch nach einem König kam aber doch in Israel auf entsprechend dem Vorbild der umliegenden Völker. Es gab Diskussionen unter den Leuten in Israel über diese Frage. Diese sind bis in die Bibel zu vernehmen und finden sich z.B. im Richterbuch. Da wird berichtet, wie Jotam, ein Richter, einmal vor die Menschen trat und die o.g. Fabel erzählte. Wer soll König sein über die Bäume im Wald? Der Weinstock war einer der heißen Kandidaten in der Fabel. Aber Olivenbaum, Feigenbaum und Weinstock – die Edlen – lehnten dankend ab. Am Ende blieb der Dornbusch als Kandidat für das Königsamt – eine realistische Perspektive, mit welchen Stacheln man zu rechnen hatte: Steuern, Abgaben, Armee, Gesetze und Verordnungen etc. Und so kam es dann auch.

Sex & Crime

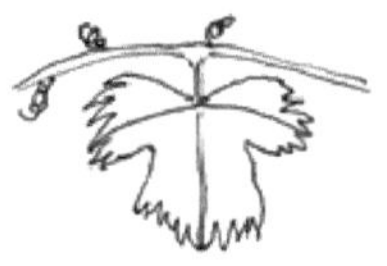

Und David lud Uria ein, sodass er bei ihm aß und trank, und machte ihn betrunken. Aber am Abend ging Uria hinaus, um sich schlafen zu legen auf sein Lager bei den Männern seines Herrn, und ging nicht hinab in sein Haus.
2. Samuel 11, 13

Wein erfreut nicht nur des Menschen Herz, sondern hat auch die bekannten negativen Folgen von Trunkenheit und mehr. Vordergründig klingt hier alles nach einem netten Gelage zwischen zwei Männern. In Wahrheit aber hatte König David ganz böse Pläne im Sinn, wobei in einem frühen Stadium der Wein eine Rolle spielte. Es folgte am Ende eine gemeine, hinterhältige Tat, ein beauftragter Totschlag. Was war geschehen?
David hatte sich in eine schöne Nachbarin verguckt. Er konnte sie von seinem Palast aus beobachten und seine Leidenschaft erbrannte für sie. Sie hieß Batseba und war mit Uria verheiratet. Der war Soldat des Königs und derzeit im Felde. Wie günstig für den König. So lud er sie in seinen Palast ein. Eine einfache Frau konnte solch ein Anliegen nicht ablehnen. Er hatte intimen Umgang mit ihr und Batseba wurde schwanger. Nun nimmt das Unheil seinen Lauf. David schickte einen Brief an Hauptmann Joab. Der sollte Uria nach Jerusalem schicken zum König. Als Uria bei David war, fragte er ihn nichtige Dinge über den Verlauf der Kriegshandlungen. Eigentlich wollte er nur, dass Uria anschließend die Nacht in seinem Haus verbringt und bei seiner Frau liegt. So wollte David ihm das Kind unterschieben. Der Plan misslang. Uria war ein Ehrenmann, der bei den Soldaten des Königs am Hof übernachtete. David lud ihn am nächsten Abend wieder zu sich. Er tischte Essen und Wein auf. Er wollte ihn betrunken machen. Anschließend würde Uria nicht mehr so kontrolliert entscheiden. Er würde in sein Haus gehen und sich zu seiner Frau legen. So hoffte David. Doch auch dieser Plan misslang. Uria blieb bei den Soldaten des Königs und übernachtete bei ihnen. Als David merkte, dass seine Pläne scheiterten, schrieb er einen Brief an Hauptmann Joab an der Front. Er solle doch den Uria beim nächsten Angriff in einen gefährlichen Abschnitt abkommandieren. David spekulierte darauf, dass Uria dann zu Tode käme. So geschah es auch. Uria trug also auf dem Weg zurück sein eigenes Todesurteil in der Tasche.

Frieden und Wohlstand

Denn er herrschte im ganzen Lande diesseits des Euphrat, von
Tifsach bis nach Gaza, über alle Könige diesseits des Euphrat, und
hatte Frieden mit allen seinen Nachbarn ringsum, sodass Juda und Israel sicher wohnten, jeder unter seinem Weinstock und unter seinem Feigenbaum, von Dan bis Beerscheba, solange Salomo lebte.
1. Könige 5, 4f.

Unter Salomo erfuhr Israel Frieden und Wohlstand. Salomo hatte das goldene Händchen seines Vaters David geerbt. Sein Name stand für Weisheit weit über die Grenzen Israels. Zu ihm kam die Königin von Saba aus dem Jemen gereist, um dessen Weisheit kennen zu lernen und zu rühmen. Salomo regierte von 965 bis 926 v.Chr., also 39 Jahre lang. In der Zeit seines Königtums waren die Nachbarn Ägypten, Assyrien, Babylonien und Persien mit sich beschäftigt und stellten keine Bedrohung dar. So waren die Grenzen Israels sicher. Das Land prosperierte durch gute Ernten, durch Handel und Kultur. Die Steuern waren erträglich. Das Land konnte über Jahre in Ruhe bebaut werden, Vertrieb und Handel nahmen Aufschwung. Wein und Oliven waren die Kulturpflanzen Israels. So wurde der Weinstock zum Sinnbild des Wohlstands, denn gute Erträge verbanden materielle Sicherheit, Zukunft und Genuss.

Rechtsstreit

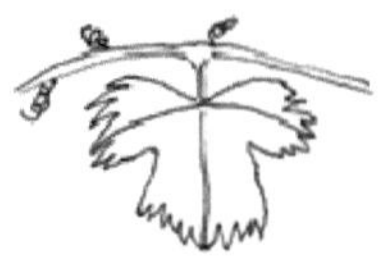

Nach diesen Geschichten begab es sich: Nabot, ein Jesreeliter, hatte einen Weinberg in Jesreel, bei dem Palast Ahabs, des Königs von Samaria. Und Ahab redete mit Nabot und sprach: Gib mir deinen Weinberg; ich will mir einen Kohlgarten daraus machen, weil er so nahe an meinem Hause liegt. Ich will dir einen besseren Weinberg dafür geben oder, wenn dir's gefällt, will ich dir Silber dafür geben, soviel er wert ist. Aber Nabot sprach zu Ahab: Das lasse der HERR fern von mir sein, dass ich dir meiner Väter Erbe geben sollte!
1. Könige 21, 1 - 3

Der Streit um Nabots Weinberg dokumentiert einen der heftigsten Rechtskonflikte im alten Israel. König Ahab regierte im Nordreich Israel von 871 bis 852 v. Chr. In dem Ort Jesreel residierte er und blickte auf einen wunderschönen Weinberg. Dieser gehörte einem Mann namens Nabot. Ahab hatte ein Auge auf diese wunderbare Anlage geworfen. Er träumte von entsprechenden Genüssen und Erträgen für sich und seine Gäste am Hof. Ahab hatte phönizisch geheiratet, d.h. seine Frau Isebel kam aus fremdem Land. Sie brachte andere Traditionen mit. Durch die Ehe mit der phönizischen Königstochter Isebel war Ahab der alten israelitischen Rechtsauffassung entfremdet worden. Diese besagte in Bezug auf Landbesitz, dass Grund und Boden in Israel nicht verkauft werden konnten. Gott galt als Eigentümer des gelobten Landes. So sollte eine Konzentration des Bodens in reicher Hand verhindert und die materielle Grundlage für das einfache Volk geschützt werden. Nabot vertrat diesen Standpunkt und lehnte das Anliegen des Königs ab. Der Weinberg war unverkäuflich. Königin Isebel redete auf ihren Mann ein, sich nicht lächerlich zu machen. Er sei doch der König im Lande. Es kam zum Konflikt mit tödlichem Ausgang. Unter falschen Anschuldigungen wurde Nabot umgebracht. Aber damit war die Geschichte noch nicht zu Ende. Der Prophet Elia trat auf und konfrontierte den König mit seiner grausamen Tat. Ahab fand in Elia seinen schärfsten Kritiker.

Gott zum Wohle

Darum sprach er zu ihnen: Geht hin und esst fette Speisen und trinkt süßen Wein und sendet davon auch denen, die nichts für sich bereitet haben; denn dieser Tag ist heilig unserm Herrn. Und seid nicht bekümmert; denn die Freude am HERRN ist eure Stärke.
Nehemia 8, 10

Auch das gibt es in der Bibel. Da werden Menschen aufgefordert, Gott zu Ehren ein Festmahl zu begehen, nicht auf die Kalorien zu achten und auf den Herrn anzustoßen und dabei auch die Armen nicht zu vergessen. Was war geschehen? Der persische König Cyros hatte beschlossen, die ins Zweistromland entführten Israeliten nach Hause zu entlassen. 50 Jahre hatte dieses Exil gedauert. Wer wollte, konnte nach Jerusalem und ins Land Israel zurück. Cyros schickte den Priester und Schriftgelehrten Esra, sowie den Beamten Nehemia mit. Sie waren mit Kompetenz, Finanzmitteln und besonderen Vollmachten ausgestattet, den Wiederaufbau Jerusalems und des Landes in Gang zu setzen. Ein Wind des Wandels lag in der Luft. Die Katastrophen der Zerstörung durch die Babylonier und das Exil lagen zurück, jetzt wendete sich alles zum Guten. Im Bewusstsein Israels wurde dies als Wende vom Unheil zum Heil gedeutet. Jerusalem wurde wieder aufgebaut. Gegen den Widerstand der regionalen Landlords entstand die neue Stadtbefestigung. Der Tempel wurde wieder errichtet und eingeweiht und das religiöse und gesetzliche Leben Israels neu organisiert.
Und damit sind wir bei unserem Festmahl. Alle verständigen Leute waren auf dem Platz am Wassertor zusammen gerufen worden. Esra las ihnen das Gesetz des Mose vor und gab Erläuterungen dazu. Danach forderten Nehemia und Esra die Versammlung auf, ein Festmahl zu begehen und dabei die Armen auch einzubeziehen. So wurde zu Einwilligung und Bekräftigung der Thora lecker gegessen und ein Glas süßen Weins erhoben – Gott zum Wohle.

Weinstock Gottes: Israel

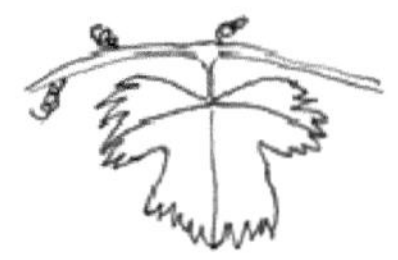

Du hast einen Weinstock aus Ägypten geholt, hast vertrieben die Völker und ihn eingepflanzt. Du hast vor ihm Raum gemacht und hast ihn lassen einwurzeln, dass er das Land erfüllt hat.
Berge sind mit seinem Schatten bedeckt und mit seinen Reben die Zedern Gottes. Du hast seine Ranken ausgebreitet bis an das Meer und seine Zweige bis an den Strom. Warum hast du denn seine Mauer zerbrochen, dass jeder seine Früchte abreißt, der vorübergeht? Es haben ihn zerwühlt die wilden Säue und die Tiere des Feldes ihn abgeweidet.
Gott Zebaoth, wende dich doch! Schaue vom Himmel und sieh darein, nimm dich dieses Weinstocks an! Schütze doch, was deine Rechte gepflanzt hat, den Sohn, den du dir großgezogen hast! Sie haben ihn mit Feuer verbrannt wie Kehricht; vor dem Drohen deines Angesichts sollen sie umkommen. Deine Hand schütze den Mann deiner Rechten, den Sohn, den du dir großgezogen hast.
Psalm 80, 9-18

Der Psalmsänger führt uns hier in einen Gottesdienst. Er lässt uns teilnehmen und mitbeten. Die Gemeinde singt zusammen dieses Lied vom Weinstock. Sie bekennt, wie ein Weinberg zu sein, der von Gott eingepflanzt wurde und gepflegt werden möchte. Die Verse sind wie ein Bilderbogen zur Geschichte. Gott hat Israel aus der Sklaverei befreit und ins gelobte Land gebracht. Dort konnte es sich ausbreiten über die Hügel bis ans Meer. Israel erlebte nur wenige Phasen von kultureller Blüte und Ruhe. Überwiegend wurde der kleine Staat zum Spielball der umliegenden Großmächte. Davon spricht der Psalm mit Bildern von Zerstörung. Schutzlos ist der Weinstock der Gier von Räubern und wilden Tieren ausgesetzt. Die Gemeinde wendet sich aber voll Vertrauen an Gott, den Besitzer des Weinstocks, er möge sie schützen und den Weinstock pflegen und erhalten wie früher. Israel identifiziert sich mit dem Weinstock und sieht sich oder seinen König in der Rolle des Sohnes Gottes an dessen rechter Seite.

Freude

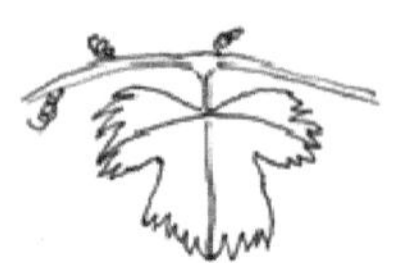

Der Wein erfreut des Menschen Herz.
Psalm 104, 15

Israel war und ist ein Land des Weinanbaus. Wer das Land heute bereist, sieht vor allem Wein und Oliven in großen Pflanzungen. Berühmt sind die Weine vom Berg Karmel, von den Golanhöhen und aus den Lagen nahe am Mittelmeer. Für großflächigen Getreideanbau war das Land in biblischen Zeiten zu steinig und zu gebirgig. Die Pflege der Weinpflanzen und der Handel mit den Produkten prägten somit das ländliche Leben. Bei festlichen Anlässen wurden Wein und Saft genossen. Der Psalmsänger würdigt hier mit treffenden Worten den Segen des Weins und lobt den Schöpfer für diese Wohltat. Damit hat er für die Erfahrung zahlloser Menschen bis heute eine immerwährende Sprache gefunden, die mit einem täglichen Glas Wein ihrem Herzen etwas Gutes tun wollen.

Verliebt

Er:

Dein Wuchs ist hoch wie ein Palmbaum,
deine Brüste gleichen den Weintrauben.
Lass deine Brüste sein wie die Trauben
am Weinstock und den Duft deines Atems wie Äpfel.
Das Hohelied der Liebe 7, 8.9

Sie:

Ich wollte dich führen und in meiner Mutter Haus bringen,
in die Kammer derer, die mich gebar.
Da wollte ich dich tränken mit gewürztem Wein
und mit dem Most meiner Granatäpfel.
Das Hohelied der Liebe 8,2

Hier sprechen zwei Liebende. Erotische Gefühle formen Worte und Bilder an den Körperformen entlang, ohne Scheu und mit der Leichtigkeit liebender Herzen. Genau so waren die Worte gemeint: direkt, sehnsüchtig, sinnlich und an das Gegenüber gerichtet. Form und Geschmack der Trauben liefern die Bildvergleiche und besingen die körperliche Begegnung als Genuss und Wohltat.

Solche Worte in der Bibel? Wie kann das sein? Schon sehr früh wurde versucht, die Sinnlichkeit dieser Verse zu entschärfen durch allegorische und religiöse Deutung. Diese Verse aber haben ihren Sitz in den Herzen von liebenden Menschen und in der körperlichen Begegnung von Mann und Frau.

Das Hohelied der Liebe stellt eine Sammlung von Liebesliedern dar. In erwartungsfroher Spannung werden Gemütslagen ausgedrückt und ohne Scheu wird die Schönheit des Körpers und dessen Berührung besungen. Manches dieser Lieder wurde in Israel bei Verlobung oder Hochzeit angestimmt wahrscheinlich seit dem 4. Jh. vor Christus.[2]

---

[2] Vgl. Fohrer, Georg: Einleitung in das Alte Testament, S. 326-330

Liebeserklärung

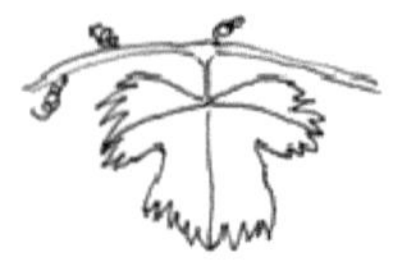

Des HERRN Zebaoth Weinberg aber ist das Haus Israel und die Männer Judas seine Pflanzung, an der sein Herz hing.
Jesaja 5, 7

Wohl manche Liebeserklärung dürfte unter dem Einfluss von Wein oder anderen Genussmitteln ausgesprochen worden sein, diese hier gewiss nicht. Es ist kein Wunder, dass in der theologischen Reflexion Israels der Wein eine so tragende Bedeutung bekam. Viele Menschen lebten davon. Sie fanden in Anbau, Pflege und Produktion dieser Frucht ihre materielle Grundlage, viele Existenzen hingen davon ab. Das Wohl und Wehe ganzer Familien hing daran. So überrascht es nicht, dass das innige Verhältnis des Schöpfers zu Israel mit Bildern beschrieben wird, die sich an den Wein anlehnen. Wie der Weinbergbesitzer seine ganze Energie in die Hege und Pflege der Pflanzen steckt, so verhält es sich mit dem Ewigen gegenüber seinem Volk – sie sind sein Weinberg. Ihnen gehört seine ganze Zuwendung und an sie wird die Hoffnung auf entsprechenden Ertrag geknüpft.

Neuer Himmel – neue Erde

Denn siehe, ich will einen neuen Himmel und eine neue Erde schaffen, dass man der vorigen nicht mehr gedenken und sie nicht mehr zu Herzen nehmen wird…
Sie werden Häuser bauen und bewohnen, sie werden Weinberge pflanzen und ihre Früchte essen.
Sie sollen nicht bauen, was ein anderer bewohne, und nicht pflanzen, was ein anderer esse. Denn die Tage meines Volks werden sein wie die Tage eines Baumes, und ihrer Hände Werk werden meine Auserwählten genießen.
Sie sollen nicht umsonst arbeiten und keine Kinder für einen frühen Tod zeugen; denn sie sind das Geschlecht der Gesegneten des HERRN, und ihre Nachkommen sind bei ihnen.
Und es soll geschehen: Ehe sie rufen, will ich antworten; wenn sie noch reden, will ich hören.
Wolf und Schaf sollen beieinander weiden; der Löwe wird Stroh fressen wie das Rind, aber die Schlange muss Erde fressen. Sie werden weder Bosheit noch Schaden tun auf meinem ganzen heiligen Berge, spricht der HERR.
Jes 65, 17. 21-25

Mit Staunen vernimmt der Leser diesen Abschnitt. Welch eine kraftvolle Sprache, welch ein Reichtum an Bildern! Jesaja steht an der Wende der Zeiten. Die Katastrophen der Zerstörung durch Babylon und die Wegführung ins Exil liegen zurück. Die Verbannten durften nach dem Erlass des persischen Herrschers Cyrus wieder in die Heimat zurück und der Tempel war wieder errichtet. Diese Ereignisse wurden als Anbruch eines endzeitlichen Heils gedeutet. Gottes Segen war im Prozess, sich über Israel auszubreiten. Und der Prophet beschreibt mit Worten, wie dieser Segen sich auswirkt und erfahrbar wird. Die Zeiten von Ausbeutung und entfremdeter Arbeit waren gestern. Wein wird angebaut und die Frucht genossen in Würde, denn jeder ist sein eigener Herr. Wohnen und Heimat bleiben sicher, die Kindersterblichkeit gehört der Vergangenheit an. Wilde Tiere gibt es nicht mehr. Der Barmherzige wird nicht vergeblich gerufen, nein, er antwortet denen, die ihm vertrauen, schon bevor sie ihr Gebet an ihn gerichtet haben.

Abstinenz

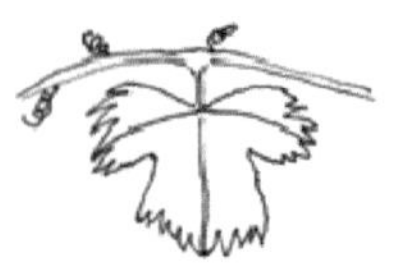

Und ich setzte den Männern vom Hause Rechab Krüge voll Wein
und Schalen vor und sprach zu ihnen: Trinkt Wein!
Sie aber antworteten: Wir trinken keinen Wein; denn unser Vater Jonadab, der Sohn Rechabs, hat uns geboten: Ihr und eure Nachkommen sollt niemals Wein trinken
und kein Haus bauen, keinen Samen säen, keinen Weinberg pflanzen noch besitzen, sondern ihr sollt in Zelten wohnen euer Leben lang, auf dass ihr lange lebet in dem Lande, in dem ihr umherzieht.
Also gehorchen wir der Stimme unseres Vaters Jonadab, des Sohnes Rechabs, in allem, was er uns geboten hat, dass wir keinen Wein trinken unser Leben lang, weder wir noch unsere Frauen noch unsere Söhne und Töchter;
und wir bauen auch keine Häuser, darin zu wohnen, und haben weder Weinberge noch Äcker noch Samen, sondern wir wohnen in Zelten und gehorchen und tun in allem, wie es unser Vater Jonadab geboten hat.
Jer 35,5-10

Es gibt auch die strenge Abstinenz vom Wein in der Bibel, wie wir hier sehen. Die Begebenheit führt uns in die Zeit des Propheten Jeremia. Er wurde von Gott beauftragt, die Rechabiter auf die Probe zu stellen. Sie hatten sich vor vielen Jahren verpflichtet, so entbehrungsreich zu leben wie die israelitischen Nomaden früher. Das galt in der Erinnerung als besonders nahe bei Gott und schloss ein, die Finger vom Alkohol zu lassen. Ihr Ahnvater Rechab[3] hatte den Clan auf diese Lebensweise eingeschworen. Die Familie folgte ihr noch zweihundert Jahre später, als Jeremia dies Gespräch mit ihnen führte. Und die Prüfung konzentrierte sich auf den Wein. Nicht ein Becher, nein, Krüge voll Wein und in Schalen wurden vorgesetzt, um die Versuchung besonders groß zu gestalten. So sollte die Treue der Rechabiter zu ihrem Gelübde auf die Probe gestellt werden. In Zeiten der Bedrohung Israels durch äußere Feinde war solche Treue gefragt.

[3] Vgl. Konstanzer Kleines Bibellexikon, S. 277

Alter Wein

Moab ist von seiner Jugend an ungestört gewesen und auf seinen Hefen still gelegen und ist nie aus einem Fass ins andre gegossen und ist nie in die Gefangenschaft gezogen; darum ist sein Geschmack ihm geblieben und sein Geruch nicht verändert worden.
Jeremia 48, 11
Und niemand, der vom alten Wein trinkt, will neuen; denn er spricht: Der alte ist milder.
Lukas 5, 39

Alter Wein wurde schon immer geschätzt. Der Prophet Jeremia nennt hier die Bedingungen, die solche Qualität entstehen lassen: lange und ungestört ruhen und reifen lassen. Solche Umstände fördern Geschmack und Aroma.
Jeremia zeigt sich als Weinkenner und Jesus bestätigt mit seinem Wort dieses Ergebnis. Der Wein ist aber nicht sein eigentliches Thema. Er wollte mit seinem Buch keinen Weinführer schreiben, sondern nutzt ihn hier als Bild für das Land Moab[4]. Dieses Land ist Israels Nachbar im Südosten jenseits des Toten Meeres. Heute gehört diese Region zu Jordanien und ist berühmt durch die Nabatäerstadt Petra. Jeremia vergleicht Moab mit einem alten Wein. Das Land war in Ruhe gelassen worden und konnte reifen, doch jetzt droht Gefahr. Die aufkommende Macht Babylon brachte sowohl für Israel wie für Moab das Ende der politischen Selbständigkeit. Die Schaukelpolitik der Eliten in Jerusalem, mit wechselnden Koalitionen die eigene Haut zu retten, hatte nicht zum Erfolg geführt. Das gleiche Schicksal traf auch Moab. Da werden dann die neuen Herren den alten Wein und die Früchte des Landes genossen haben.

[4] Vgl. Kleines Konstanzer Bibellexikon, S. 229f.

Leben in Fülle

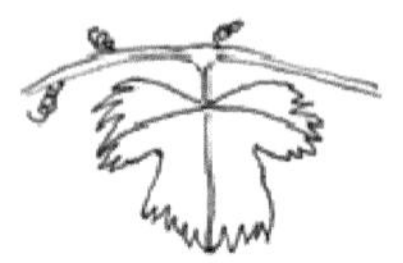

Dann wird der HERR um sein Land eifern und sein Volk verschonen.
Und der HERR wird antworten und zu seinem Volk sagen: Siehe, ich will euch Getreide, Wein und Öl die Fülle schicken, dass ihr genug daran haben sollt, und will euch nicht mehr unter den Heiden zuschanden werden lassen.
Und ich will den Feind aus Norden von euch wegtreiben und ihn in ein dürres und wüstes Land verstoßen, seine Spitze in das östliche Meer und sein Ende in das westliche Meer; er soll verfaulen und stinken, denn er hat Gewaltiges getan.
Fürchte dich nicht, liebes Land, sondern sei fröhlich und getrost; denn der HERR kann auch Gewaltiges tun.
Fürchtet euch nicht, ihr Tiere auf dem Felde; denn die Auen in der Steppe sollen grünen und die Bäume ihre Früchte bringen, und die Feigenbäume und Weinstöcke sollen reichlich tragen.
Joel 2, 18-22

Wein, Öl und Getreide die Fülle! Keine Feinde mehr und keine Bedrohung! Dies sind die Zusagen nach den Katastrophen. Der Prophet Joel hatte von den Heuschrecken erzählt, die über das Land hergefallen sind und es gefräßig vernichtet haben. Und jetzt sagt er den Wechsel an. Das Land wird aufatmen. Es wird sogar direkt angesprochen, sich an die Kräfte zu erinnern, die verborgen in Flora und Fauna schlummern. Dann wird es die Menschen segnen mit Wein und Öl in Fülle, die Weinstöcke werden reiche Erträge hervorbringen, die Bäume ihre Früchte und die Auen ihr Grün.

Israel hatte die Katastrophen des babylonischen Exils und des wirtschaftlichen Niedergangs im Lande hinter sich, als aus dem Propheten die Stimme Gottes sprach und seinen Leuten ins Gewissen. Im Bild vom endzeitlichen Reich Gottes bei Joel bekommen Wein, Getreide und Oliven ihre dauerhafte Kraft. Was errungen werden musste, wofür man Steuern und Zölle zu bezahlen hatte, wovon man bis zum Übermaß an die Herren abgeben musste, worum man bangen und sich sorgen musste, das ist nun zugesagt, beständig und frei. Diese Vision hat immer wieder Menschen zum Wandel in ihren Herzen und der Welt bewegt.

Vollkommene Gastfreundschaft

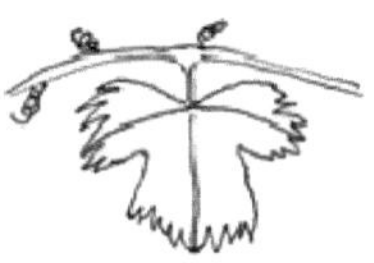

Zu derselben Zeit, spricht der HERR Zebaoth, wird einer den andern einladen unter den Weinstock und unter den Feigenbaum.
Sacharja 3, 10

Welch ein schönes Bild von Gastfreundschaft und entspanntem Zusammensein. Die Menschen sitzen unter dem schattenspendenden Feigenbaum und genießen bei essen und trinken den Wein. Der Prophet Sacharja entwirft ein Bild, dem wir spontan zustimmen und viele eigene Erinnerungen beitragen können. Wir verbinden mit diesem Bild das Gefühl von wahrer Gemeinschaft, die stimmt und deshalb nicht enden sollte. Menschen, die in solcher Runde zusammensitzen, erfahren gelebte Menschlichkeit.
Wir alle wissen um die Begrenztheit solcher Erfahrungen.
Für Sacharja stellt die Vision dieser Gastfreundschaft ein Bild endzeitlicher Gemeinschaft dar. So kann es aussehen, wenn die Welt intakt ist, die Menschen bei sich selber sind und ihrem Entwurf, Ebenbilder Gottes zu sein, entsprechen. Er hatte die Katastrophe des babylonischen Exils hinter sich und den Menschen in Israel, in Jerusalem den Anbruch einer neuen Zeit angekündigt. Er wirkte ca. 520 bis 518 v. Chr. Umkehr zu den Geboten Gottes, Recht, soziale Gerechtigkeit und Wahrhaftigkeit unter den Menschen, das waren die Wege, Gottes Heilszeit entgegen zu gehen – zu Gastfreundschaft unter Weinstock und Feigenbaum.[5]

---

[5] Vgl. Fohrer, G,: aaO, S. 510.

Das rechte Maß

Der Wein, zu rechter Zeit und in rechtem Maß getrunken, erfreut Herz und Seele. Aber wenn man zu viel davon trinkt, bringt er Herzeleid, weil man sich gegenseitig reizt und miteinander streitet.
Jesus Sirach 31, 35f.

Auch das haben die Menschen früh entdeckt, dass der Gebrauch von Wein gelernt sein will und falscher Gebrauch Schatten wirft. Die Worte des Weisen Jesus Sirach deuten nur an, was einem selber, der Familie oder Freunden drohen kann, wenn Maß und Zeit nicht mehr gelten und die Grenzen überschritten werden.

Es verwundert nicht, solche Worte aus dem Mund eines Weisen zu hören. Diejenigen, die gerade dabei sind, die Gläser zu heben und sich zu beschwipsen, stellen dann auf Durchzug bzw. reagieren grantig. Der Moment ist so schön, gönnst du uns den Genuss nicht? Also lass stecken, du nervst und verschwinde. Der Weise fühlt sich nicht verstanden. Er übersieht ja die Fälle des Lebens, will das rechte Maß halten und den Fährnissen mit Gleichmut begegnen. Die Extreme des Lebens schaffen nur immer wieder neue Extreme. Am Anfang steht die ausgelassene weinselige Stimmung, irgendwann kommen der Blackout, böse Worte, feindselige Gesten und Gewalt. Dieses Gemisch wirbelt Beziehungen durcheinander, versenkt Guthaben und schafft Herzeleid. Doch das entdecken die Ermahnten erst, wenn sie am Grund des ganzes Elends angekommen sind.

Zu Gast bei Abraham

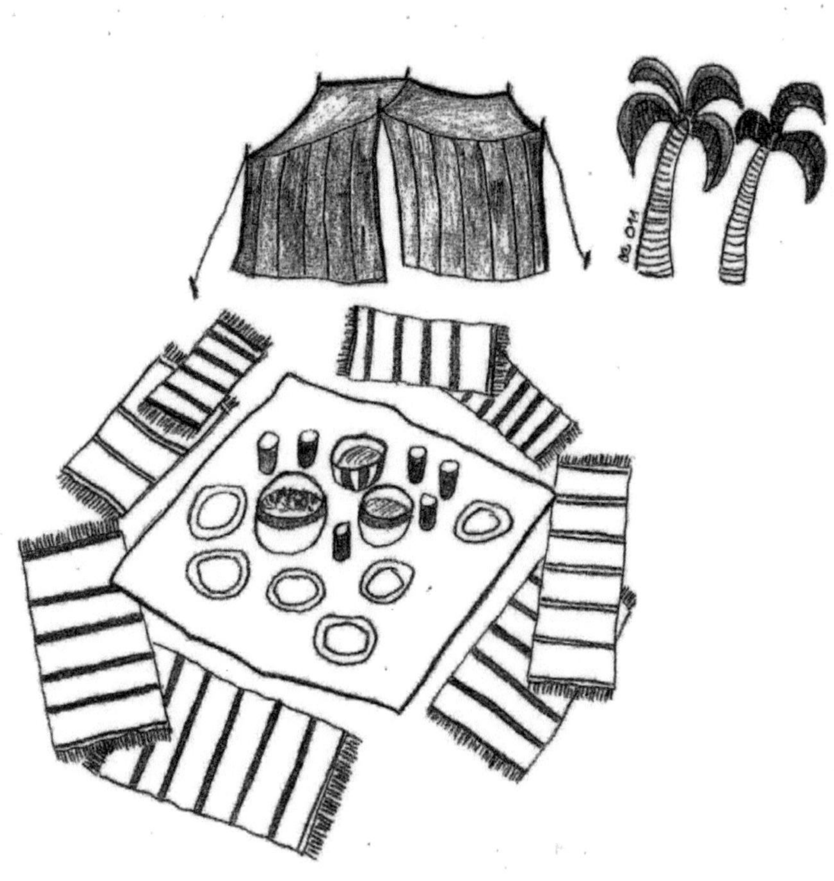

Ein orientalisches Menü: Seniyeh mit Couscous

Speisefolge

Vorspeise:
Gurken-Fenchel-Salat

Hauptgericht:
Seniyeh – Traditionelles arabisches Hackfleisch-Gericht mit Couscous
Beilagen: Tahini
Gebackener Schafskäse
Fladenbrot
Nachspeise:
Halva und Früchte

Getränk:
Trockener Rotwein, z. B. Segal Ragil

Rezepte: Seniyeh mit Couscous

Gurken-Fenchel-Salat
2 Gurken, geschält, fein gehackt; 1 Fenchelknolle fein gehackt; 1 Prise Salz; ½ TL schwarzer Pfeffer; 6 EL saure Sahne; 2 EL Olivenöl; 4 EL frisch gepresster Zitronensaft; 3 Zwiebeln.
Alle Zutaten sorgfältig vermischen und in Schälchen pro Person servieren.[6]

[6] Vgl.: Ganor, Avi: Israel kulinarisch, S. 30

Tahini-Sauce

150 gr. Sesampaste (Tahin oder Tahini), 90 ml Wasser, 90 ml frisch gepressten Zitronensaft, ½ TL Salz, 2 TL fein zerriebener Knoblauch. Petersilie.[7]

Mit einer Gabel Sesampaste und Wasser verrühren, Zitronensaft und Knoblauch zugeben und alles gut vermischen. Mit Petersilie bestreuen. Auf kleinen Tellern pro Person servieren. Fladenbrot.

Gebackener Schafskäse mit getrockneter Minze

500 gr Schafskäse, Mehl, 2 Eier – leicht geschlagen und mit Thymian und Muskat gewürzt, Öl, Knoblauch, 1 mittelgroße Zwiebel – fein gehackt, 2 EL Olivenöl, 2 EL Weinessig, 10 EL getrocknete Minze.

Käse in Scheiben schneiden und diese zuerst in Mehl, dann in Ei und zum Schluss nochmals in Mehl wenden. Öl in der Pfanne erhitzen, bis es zu rauchen beginnt, und die Käsescheiben darin auf beiden Seiten goldbraun backen. Eine Schüssel mit Knoblauch ausreiben und darin die gehackte Zwiebel, Olivenöl und Minze vermischen. Diese Mischung auf Portionsteller verteilen und die Käsescheiben darauf setzen.

Seniyeh

500 gr. Rindergehacktes, 4 EL gehackte Petersilie, 4 EL fein gehackte Zwiebel, 3 EL Mehl, 1 TL Salz, 1 TL Pfeffer, 4 EL Sesampaste, 2 EL Zitronensaft, 4 EL Wasser, Sonnenblumenkerne zum Bestreuen.[8]

Fleisch, Gemüse, Mehl, Öl, Salz und Pfeffer vermischen. Feuerfeste Form mit Butter bestreichen und die Masse in die Form geben. Backofen mit 180° vorheizen. Mit einer Gabel Sesampaste, Zitronensaft und Wasser verrühren und über die Fleischmasse gießen. Das Gericht mit Sonnenblumenkernen bestreuen und 30 min backen.

Couscous (Zubereitung siehe Packung)

---

[7] aaO: S. 30

[8] aaO: S. 115

Ein orientalisches Menü: Falafel mit Ayran

Speisefolge

Dips:
Tarbouleh
Humus
Zhoug
Fladenbrot

Hauptgericht:
Falafel mit Rohgemüse der Saison
Soße
Fladenbrot

Süßspeise:
Halva marmoriert

Getränke:
Ayran
trockener Rotwein z. B. Ben Ami Merlot

Rezepte: Falafel mit Ayran

Tarbouleh
3 Tassen Sonnenblumenkerne; 3 EL gehackte Petersilie; 6 EL gehackte Minze, 2 Gurken gewürfelt; 3 Paprikaschoten gewürfelt; 2 Zwiebeln; 3 Tomaten gewürfelt; Saft von 3 Zitronen; 160 ml Olivenöl; Salz; Pfeffer. Alle Zutaten vermengen, als Vorspeise mit Fladenbrot servieren.[9]

---

[9] aaO: S. 28

Zhoug

450 gr. grüne Paprikaschoten im Mixer pürieren; 16 EL Petersilie; 16 EL Koriander; 3 EL zerdrückter frischer Knoblauch; 2 EL Salz; 2 TL Pfeffer; 2 TL Kreuzkümmel/Kumin. Eine Vorspeise als Paste zu Fladenbrot servieren.[10]

Humus

Gekochte Kichererbsen pürieren; 6 Knoblauchzehen klein hacken; 2 TL Salz; 1 TL Kreuzkümmel; 200 ml Tahini (vorher im Glas verrühren); Saft von 4 Zitronen; als zu einer Paste vermengen und mit kleingehackter Petersilie und ein paar Tropfen Olivenöl als Vorspeise servieren.[11]

Falafel

Kicherbsenpürree, 3 Zwiebeln; 6 EL Mehl; 1 ½ TL Kreuzkümmel/Kumin; 3 TL Koriander; 6 TL Salz; Pfeffer nach Abschmecken; alles vermengen, kleine Kugeln formen (bis 3 cm Durchmesser); in heißem Fett/Öl etwa 3 Min goldbraun frittieren, abtropfen (Küchenkrepp).[12]

Soße zu den Falafelbällchen

3 Becher Creme fraiche; 12 EL Tomatensaft; Salz; Pfeffer.

Rohkost zu den Falafelbällchen

Rotkohl; Möhren; grüner Salat; Zwiebeln klein schneiden

Ayran

Joghurt, 2 Gurken schälen, mit Mixer klein hacken; mit Joghurt zu einem Getränk vermengen; in Gläsern servieren.

Halva marmoriert

Im türkischen oder einem anderen orientalischen Laden erfragen

---

[10] aaO: S. 39
[11] aaO, S. 39
[12] Lange, Elisabeth: Fleischlos glücklich, S. 65

Weinproben – Neues Testament

Seder und das letzte Abendmahl

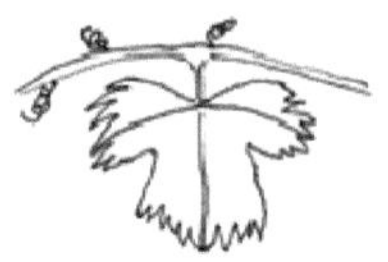

Und die Jünger taten, wie ihnen Jesus befohlen hatte, und bereiteten das Passahlamm. Und am Abend setzte er sich zu Tisch mit den Zwölfen...
Ich sage euch: Ich werde von nun an nicht mehr von diesem Gewächs des Weinstocks trinken bis an den Tag, an dem ich von neuem davon trinken werde mit euch in meines Vaters Reich.
Matthäus 20, 26

Die Jünger hatten den Raum in dem Obergemach vorbereitet. Als Jesus dann mit seinen Freunden zum letzten Abendmahl zusammen kam, da feierten sie den Beginn des Pessachfestes, den sog. Sederabend. Der Name heißt „Ordnung“, in Hebräisch „seder“. Denn nach der Ordnung dieses Festes erinnerten sie sich mit allen jüdischen Gläubigen an die Befreiung aus der ägyptischen Sklaverei. Der Ablauf folgt der Ordnung, die in der Pessach-Haggada, der Erzählung von Passah niedergeschrieben ist. Rituelle Speisen sind vorbereitet, ungesäuertes Brot und Pessach-Wein werden angeboten. Sie sind unter den anderen Speisen Zeichen für die letzte Plage in Ägypten und die Befreiung aus der Unterdrückung. Die Israeliten hatten mit dem Blut eines Opferlamms ihre Türpfosten angestrichen und der Würgeengel ging an ihren Hütten vorbei. Daran erinnert sich ganz Israel am Pessachabend. Ein Stuhl am Tisch bleibt frei und ein Becher Wein wird zusätzlich bereitgestellt für den Propheten Elia, der dem erhofften Messias vorausgehen soll. Ganz nach dieser Überlieferung hat Jesus mit seinen Jüngern den Abend begangen. Im Bekenntnis der frühen Christenheit wird diese Tradition mit dem Schicksal Jesu verknüpft. Opferlamm, Brot und Wein, die für die Befreiung von äußeren Banden in Ägypten stehen, verbinden sich mit dem Leben Jesu. Der Einsatz des Opferlammes und der Einsatz des Lebens Jesu verschmelzen in christlicher Deutung beim letzten Abendmahl. War es der Weinbecher des Elia, über dem Jesus die Einsetzungsworte des Mahles sprach? Im Reich Gottes jedenfalls wird ein guter Wein gereicht – so stellt es Jesus hier in Aussicht.

Ungleiche Brüder im Weinbau

Was meint ihr aber? Es hatte ein Mann zwei Söhne und ging zu dem ersten und sprach: Mein Sohn, geh hin und arbeite heute im Weinberg. Er antwortete aber und sprach: Nein, ich will nicht. Danach reute es ihn und er ging hin. Und der Vater ging zum zweiten Sohn und sagte dasselbe. Der aber antwortete und sprach: Ja, Herr!, und ging nicht hin. Wer von den beiden hat des Vaters Willen getan? Sie antworteten: Der erste. Jesus sprach zu ihnen: Wahrlich, ich sage euch: Die Zöllner und Huren kommen eher ins Reich Gottes als ihr. Denn Johannes kam zu euch und lehrte euch den rechten Weg, und ihr glaubtet ihm nicht; aber die Zöllner und Huren glaubten ihm. Und obwohl ihr's saht, tatet ihr dennoch nicht Buße, sodass ihr ihm dann auch geglaubt hättet. Matthäus 21, 28-32

Was ist höher zu bewerten? Wenn die Tat mit dem Geforderten übereinstimmt, dies aber erst mündlich abgelehnt wurde? Oder wenn die mündliche Zusage mit dem Geforderten übereinstimmt, die Tat dann aber nicht erfolgt? Es geht in Jesu Gleichnis also um den Widerspruch von Wort und Tat und um die Reue. Und seine Beispielgeschichte spielt sich im bäuerlichen Milieu rund um den Weinbau ab. Was also ist höher zu bewerten? Im Gleichnis erzählt es Jesus so: Der Vater hatte seine zwei Söhne aufgefordert, in den Weinberg zu gehen und dort zu arbeiten. Der eine sagt erst nein, geht dann doch in sich und in den Weinberg. Der andere sagt erst ja und hält dann nicht Wort. Dann wendet sich Jesus an die Anwesenden: „Wer von beiden hat den Willen des Vaters getan?“ Die Antwort kommt prompt: „Der erste!“ Jesus unterstützt seine Freunde in dieser Auffassung. Er bewertet das höher, was die Menschen tun, auch wenn sie dabei Fehler machen, bereuen und ihre Haltung korrigieren.

Die bösen Weingärtner

Hört ein anderes Gleichnis: Es war ein Hausherr, der pflanzte einen Weinberg und zog einen Zaun darum und grub eine Kelter darin und baute einen Turm und verpachtete ihn an Weingärtner und ging außer Landes. Als nun die Zeit der Früchte herbeikam, sandte er seine Knechte zu den Weingärtnern, damit sie seine Früchte holten. Da nahmen die Weingärtner seine Knechte: den einen schlugen sie, den zweiten töteten sie, den dritten steinigten sie. Abermals sandte er andere Knechte, mehr als das erste Mal; und sie taten mit ihnen dasselbe. Zuletzt aber sandte er seinen Sohn zu ihnen und sagte sich: Sie werden sich vor meinem Sohn scheuen. Als aber die Weingärtner den Sohn sahen, sprachen sie zueinander: Das ist der Erbe; kommt, lasst uns ihn töten und sein Erbgut an uns bringen! Und sie nahmen ihn und stießen ihn zum Weinberg hinaus und töteten ihn. Wenn nun der Herr des Weinbergs kommen wird, was wird er mit diesen Weingärtnern tun? Sie antworteten ihm: Er wird den Bösen ein böses Ende bereiten und seinen Weinberg andern Weingärtnern verpachten, die ihm die Früchte zur rechten Zeit geben. Matthäus 21, 33-41

Jesus erzählt eine Bildgeschichte, deren Figuren und Handlung für etwas stehen. Äußerlich gesehen verpachtet ein Weingärtner seinen Weinberg. Er hatte für alle Baumaßnahmen gesorgt, dann übergibt er alles den Pächtern und verreist. Als die Ernte ansteht, schickt er zwei Mal Arbeiter, die seinen Anteil einholen sollen. Die Pächter bringen die Arbeiter um. Am Ende schickt er den Sohn. Auch er wird umgebracht. Dann fragt Jesus die Jünger, wie das alles ausgeht, wenn der Besitzer zurückkommt? Sie meinen, das geht böse aus.

Dies Gleichnis steht in der biblischen Tradition, die die Liebe Gottes zu Israel mit dem Bild vom Weinberg beschreibt. Jesus deutet hier besonders die Figuren der Geschichte. Gott hat immer wieder Boten geschickt, die seinen Willen zu den Menschen gebracht haben. Doch diese trafen immer wieder auf taube Ohren. Eine scharfe Kritik Jesu an den Eliten seiner Zeit.

Neuer Wein in neue Schläuche

Und niemand füllt neuen Wein in alte Schläuche; sonst zerreist der neue Wein die Schläuche und wird verschüttet, und die Schläuche verderben. Sondern neuen Wein soll man in neue Schläuche füllen. Lukas 5, 37-38

Wie wird Wein abgefüllt? Wie wird Wein angemessen gelagert? In Zeiten, in denen es keine industrielle Fertigung von Glasflaschen gab, behalfen sich die Menschen mit anderen Materialien. Zu der Zeit Jesu – so erfahren wir hier – wurden Schläuche genutzt. Da neuer Wein gärt, das Volumen sich also ausdehnt, war elastisches Material nötig. Dafür wurden neue Schläuche verwendet, da sie den Druck aushielten. Die alten Schläuche waren weniger elastisch und somit für diesen Zweck nicht brauchbar.

Das klingt nach Binsenweisheit. Wer mit diesen Prozessen vertraut war, wusste in der Regel über das zu verwendende Material Bescheid. Jesus machte diese Bemerkung im Kontext eines Streitgespräches. Worum ging es? Pharisäer und Schriftgelehrte waren an Jesus herangetreten und fragten ihn: die Jünger von Johannes und die der Pharisäer fasten und beten viel, deine nicht. Warum? Es ging also um den angemessenen Gebrauch religiöser Regeln im Alltag und ob diese immer nur auf die altbekannte Weise beherzigt werden können? Jesus reagiert mit dem Bild vom Wein und den Schläuchen. Er sagt damit, es gibt nicht eine Lösung für alle Aspekte. Besondere Umstände machen einen anderen Umgang mit religiösen Geboten nötig. Das Erleben von Gemeinschaft mit überraschenden Gästen und das angeregte Nachdenken über das Reich Gottes ist für Jesus ein höherer Wert als die strenge Einhaltung religiöser Regeln. Es kommt also immer drauf an.

Abstinenter Sonderling – Fresser und Weinsäufer

Denn Johannes der Täufer ist gekommen und aß kein Brot und trank keinen Wein; so sagt ihr: Er ist besessen. Der Menschensohn ist gekommen, isst und trinkt; so sagt ihr: Siehe, dieser Mensch ist ein Fresser und Weinsäufer, ein Freund der Zöllner und Sünder. Lukas 7, 33-34

Es ist in Konflikten eine beliebte rhetorische Figur, mit Extremen zu polarisieren und damit von einer lebendigen Auseinandersetzung abzulenken. Als ob es nichts dazwischen gäbe! Wer sich auf diese Tour einlässt, beißt sich an den Extremen fest und macht keine neue Erkenntnis. Es muss einen in der Runde geben, der daran interessiert ist. Wie kommt Jesus dazu, so zu reden? Wir erfahren in dem Kapitel, dass eine Delegation von Schülern des Johannes zu Jesus kam. Sie wollten im Auftrag des Johannes an Jesus die Frage richten: „Bist du, der da kommen soll oder sollen wir auf einen anderen warten?" Jesus reagierte und gab eine Antwort. Danach verabschiedeten sich die Boten wieder. Nun wandte sich Jesus an die anwesenden Menschen und sprach zu ihnen über Johannes. Er würdigte den Täufer. Er ist mehr als ein Prophet, er ist der Vorläufer, der den Boden bereitet. Jüdische Ohren assoziierten dabei sofort die Ankündigungen der Propheten über den Vorläufer des Gottesgesalbten. Aber nicht alle sahen das so. An Johannes wie an Jesus schieden sich die Geister. Einige folgten dem Bußruf des Täufers und ließen sich taufen. Andere verdrehten nur die Augen, allein schon wie er lebte und aussah: „Der ist besessen!" Ähnlich bei Jesus. Einige erlebten die Botschaft vom Reich Gottes als persönliche Befreiung. Andere fühlten sich davon bedroht und lehnten Person und Botschaft rundweg ab. „Der ist Fresser, Weinsäufer und hat schlechten Umgang!" Wer so denkt, der blockt einen lebendigen Kontakt ab zu Johannes und Jesus.

Heilkunde

Ein Samariter aber, der auf der Reise war, kam dahin; und als er ihn (den Überfallenen) sah, jammerte er ihn; und er ging zu ihm, goss Öl und Wein auf seine Wunden und verband sie ihm, hob ihn auf sein Tier und brachte ihn in eine Herberge und pflegte ihn. Lukas 10, 34f.

Die Geschichte beginnt mit einer Frage. Ein Schriftgelehrter hatte Jesus in ein Gespräch verwickelt mit den Worten: „Meister, was muss ich tun, dass ich das ewige Leben erbe?" Und Jesus lenkte zunächst den Blick auf die Quellen. „Was sagt die Schrift?" Das Gespräch wurde fortgesetzt und Jesus erzählte ein Gleichnis. Er schockierte seine Zuhörer mit dem Gleichnis vom barmherzigen Samariter. Denn dieser ist in der Geschichte der Anti-Held. Aus der Sicht Jerusalems hatte man keinen Umgang mit „denen" aus Samaria. Diese Leute erkannten nicht die ganze Tradition an. Außerdem hatten sie sich mit Fremden vermischt. Ihnen wurde nur Übles zugetraut. Im Gleichnis aber ist er es, der mutig und beherzt Hilfe anbietet. Er weiß, dass Wein desinfiziert und Öl wie eine Wundsalbe wirkt. Er hat beides in seinem Gepäck und nutzt es zu Erstversorgung und Behandlung. Kein Wunder, dass dieses Gleichnis Jesu die Menschen damals wie heute tief berührt.

Das Beste zum Schluss

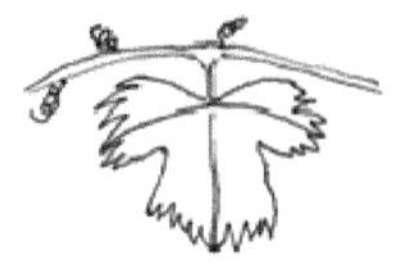

Jesus spricht zu ihnen: Füllt die Wasserkrüge mit Wasser! Und sie füllten sie bis obenan. Und er spricht zu ihnen: Schöpft nun und bringt's dem Speisemeister! Und sie brachten's ihm.
Als aber der Speisemeister den Wein kostete, der Wasser gewesen war, und nicht wusste, woher er kam - die Diener aber wussten's, die das Wasser geschöpft hatten -, ruft der Speisemeister den Bräutigam und spricht zu ihm: Jedermann gibt zuerst den guten Wein und, wenn sie betrunken werden, den geringeren; du aber hast den guten Wein bis jetzt zurückbehalten.
Johannes 2, 7 – 10

Das Wort des Speisemeisters am Ende der Geschichte wirft ein Licht auf die Ironie des Themas. Wenn die Gäste nicht mehr Herr ihrer Sinne sind, dann geht schon mal mindere Qualität beim Wein durch, sie merken es sowieso nicht mehr. Das Wunder ist also nicht das Mirakel, sondern es überrascht die geänderte Reihenfolge. Am Ende, nicht am Anfang wird der beste Wein angeboten.
Johannes inszeniert seine Geschichten wie statische Bühnenbilder. Durch Thema und Realisierung scheint der doppelte Boden, das, was eigentlich gemeint ist. Und hier dreht sich alles um die Zeichen, mit denen Gott seinen Willen den Menschen mitteilt. Nachdem er Propheten, Lehrer und andere geschickt hat, kommt nun sein besonderes Zeichen zum Schluss. Für Johannes ist die Geschichte mit Gott wie ein Festmahl gestaltet und Jesus bietet den besten Wein am Ende der Feier, ja er selbst ist der beste Wein.

Voll von süßem Wein

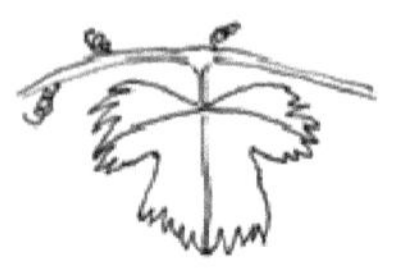

Andere aber hatten ihren Spott und sprachen: Sie sind voll von süßem Wein. Apostelgeschichte 2, 13

Ausgelassene Stimmung und ein Glas Wein gehören zu jeder guten Geburtstagsfeier. Denn was hier gesagt wird, soll sich auf dem Geburtstagsfest der Kirche zugetragen haben, dem ersten Pfingstfest in Jerusalem.
Zahlreiche Menschen waren miteinander versammelt und es mussten verschiedene Länder und Sprachen darunter gewesen sein. Erst trat dieses eigentümliche Brausen auf wie bei starkem Wind. Dann erschienen diese Feuerflammen über den Köpfen der Menschen. Alle fingen an zu predigen in fremden Sprachen und doch verstand man sich. In der Nachbarschaft wurde dieses Brausen gehört und lockte Neugierige an. Als sie den Raum betraten sahen sie das Geschehen und hörten die Stimmen in vielen Sprachen. Das Verrückte war, dass man verstehen konnte und verstanden wurde. Der Autor der Geschichte sah den Heiligen Geist am Werke. Trotzdem entsetzten sich die Gäste und wunderten sich sehr. Wie konnte das gehen? Die Menschen redeten in den verschiedensten Sprachen von „den großen Taten Gottes" (Apostelgeschichte 2,11).
Es ist nicht verwunderlich, dass dies Geschehen unterschiedlich kommentiert wurde. Zu außergewöhnlich war dieses Ereignis. Der Autor hat die ganze Breite der Reaktionen eingefangen und die etwas abfällige, spöttische Stimme nicht unterschlagen. Diese hatte im Wein die Ursache für das ganze Spektakel gesehen. Das war jedoch voll daneben. Der Heilige Geist braucht keinen Alkohol, um ausgelassene Kommunikation und Geschwisterlichkeit zu erzeugen.
Übrigens: die Freunde Jesu feierten mit allen Juden damals das jüdische Wochenfest. Es erinnert an die Gabe der Thora an die Menschen, den zur Sprache gewordenen segensreichen Geist Gottes.

Desinfektion

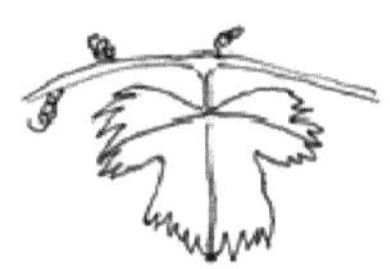

Trinke nicht mehr nur Wasser, sondern nimm ein wenig Wein dazu um des Magens willen und weil du oft krank bist. 1. Timotheus 5, 23

Paulus schreibt an den guten alten Freund Timotheus in Ephesus. Sie hatten viel miteinander unternommen, erlebt und geteilt. In seinem Brief geht es vor allem um Fragen der inneren gemeindlichen Organisation.[13] Recht unvermittelt taucht diese persönliche Empfehlung zur gesundheitlichen Vorsorge auf, Wasser immer etwas mit Wein vermischt einzunehmen wegen des Magens und der Neigung, schnell krank zu werden. Was mag den Timotheus geplagt haben, dass Paulus wie ein Doktor mit ihm spricht?

Ich muss gestehen, dass ich hier auch ratlos war. Ich habe zum Glück einen Arzt und Homöopathen als Nachbarn. Den fragte ich also. Er sagte: Wir dürfen bei Wasser in der Antike nicht an das Wasser denken, wie wir es als Leitungswasser kennen. Damals gab es nur in den seltensten Fällen reines Wasser. Die Menschen mussten zu der Zeit oft verunreinigtes Wasser trinken. Magenbeschwerden und andere Krankheiten waren die Folge. Der Alkohol im Wein wirkte desinfizierend. Das dürfte der Hintergrund für den Tipp des Paulus gewesen sein, Wasser mit Wein zu vermischen und erst dann zu trinken, „um des Magens willen."

[13] Vgl. Kümmel, Werner G.: Einleitung in das Neue Testament, S. 330ff.

Öl und Wein sind geschützt

Und ich hörte eine Stimme mitten unter den vier Gestalten sagen: Ein Maß Weizen für einen Silbergroschen und drei Maß Gerste für einen Silbergroschen; aber dem Öl und Wein tu keinen Schaden! Offenbarung 6, 6

Johannes war auf Patmos verbannt worden. Diese Insel diente den Römern, um kritische Geister wie ihn aus dem Verkehr zu ziehen und ihre Wirkung zu unterbinden. Doch in einer Höhle auf Patmos empfing Johannes machtvolle Bilder, die er in Worte gefasst als Sendbriefe an die verfolgten christlichen Gemeinden in Kleinasien verschickte. Diese waren wieder mit versteckter Kritik an der römischen Macht gewürzt, die aber nur von dem geschulten Auge und Ohr der Adressaten verstanden wurden.[14] Johannes kündigte das Ende der politischen Macht an. Diesen Verfall entwirft er in einem dramatischen Bilderbogen von exzessiver Gewalt, bis schließlich am Ende der qualitative Sprung einsetzt, das römische Reich untergeht und das neue Jerusalem sich durchsetzt. Damit wollte er die verfolgten Christen trösten und zum Durchhalten bewegen.

Dem Seher war ein Blick in den Thronsaal Gottes gewährt worden. Dort schaute er, wie das Lamm für würdig erklärt wurde, das Buch mit den sieben Siegeln zu öffnen. Bei den ersten vier gelösten Siegeln stürmten die vier apokalyptischen Reiter los. Sie bringen internationale und nationale Kriege, wirtschaftliche Not und alle Arten von Tod. Unser Vers ereignet sich beim dritten Siegel. Ein schwarzes Pferd taucht auf und sein Reiter hält eine Waage in der Hand. Bild und Wort kündigen planvollen Betrug auf dem Markt an. Da die Menschen dort die notwendigen Lebensmittel kaufen müssen, sind sie der Willkür der Händler schutzlos ausgeliefert. Ausdrücklich aber werden Öl und Wein dem Katastrophenprogramm entzogen und unter Schutz gestellt, was die herausragende Bedeutung dieser Produkte unterstreicht. Auch für gierige Betrüger gibt es Grenzen.

[14] Vgl. Otto, Gert: Sachkunde Religion, S. 107f.

Nachwort

Liebe Leserin,
lieber Leser,

die Weintour durch die Bibel ist vorüber. Ich hoffe, Sie konnten die einzelnen Proben genießen und haben für sich einen Gewinn daraus gezogen. Wenn Sie sich ermuntert sehen, auf eigene Faust weitere Streifzüge durch das biblische Weinland zu machen, werden Sie noch viele weitere gute Gelegenheiten zum Probieren entdecken. Vollständigkeit war nicht mein Anliegen, sondern Typisches anzubieten. Dazu wollte ich auch durch die vorliegende Auswahl punktuell deutlich machen, dass die beiden Testamente eine Einheit bilden, die auch bei diesem Thema erkennbar wird. Das wird deutlich am Beispiel der rituellen Feiern „Seder und das letzte Abendmahl" (Matthäus 20, 26) und der hohen Bedeutung von Wein in endzeitlich orientierten Texten wie „Vollkommene Gastfreundschaft" (Sacharja 3, 10) und „Das Beste zum Schluss" (Johannes 2, 7-10).

Gott zum Wohle und „Lechaim" - für ein gutes Leben an Leib und Seele!

Verzeichnis der verwendeten Bibelstellen

Altes Testament

1. Mose 9, 20

2. Mose 29, 38-42

4. Mose 13, 23

5. Mose 7, 12f.

Richter 9, 9-15

2. Samuel 11, 13

1. Könige 5, 4f.

1. Könige 21, 1-3

Nehemia 8, 10

Psalm 80, 9-18

Psalm 104, 15

Das Hohelied der Liebe 7, 8f.; 8, 2

Jesaja 5, 7

Jesaja 65, 17. 21-25

Jeremia 35, 5-10

Jeremia 48, 11

Joel 2, 18-22

Sacharja 3, 10

Jesus Sirach 31, 35f. (in: Apokryphen des Alten Testaments)

Neues Testament

Matthäus 20, 26

Matthäus 21, 28-32

Matthäus 21, 33-41

Lukas 5, 37f.

Lukas 7, 33f.

Lukas 10, 34f.

Johannes 2, 7-10

Apostelgeschichte 2, 13

1. Timotheus 5, 23

Offenbarung 6, 6

Verwendete Literatur

Quelle

Evang. Kirche in Deutschland (Hg.): Die Bibel (Mit Apokryphen), Stuttgart 1985

Bibelkunde

Fohrer, Georg: Einleitung in das Alte Testament. Heidelberg 1979

Kümmel, Werner G.: Einleitung in das Neue Testament, Heidelberg 1980

Otto, Gert (Hg.): Sachkunde Religion, Hamburg 1975

Hilfsmittel

Ganor, Avi u.a.: Israel kulinarisch, München 1990

Hepper, F. Nigel: Pflanzenwelt der Bibel, Stuttgart 1992

Kleines Konstanzer Bibellexikon, Konstanz 1962

Lange, Elisabeth: Fleischlos glücklich, Gütersloh 1983

Medien

Stuttgarter Multimedia Bibel. Stuttgart 2003

www.relilex.de

Printed by Books on Demand GmbH, Norderstedt / Germany